PROJET D'ADRESSE

DE

LA CHAMBRE DES DÉPUTÉS.

IMPRIMERIE D'A. ÉGRON,

RUE DES NOYERS, N° 37.

PROJET D'ADRESSE

DE

LA CHAMBRE DES DÉPUTÉS

EN RÉPONSE

AU DISCOURS DE LA COURONNE.

Incedo per ignes.

PARIS.

DELAUNAY,
DENTU,
PONTHIEU, } Libraires, au Palais-Royal.

N. PICHARD, quai de Conti, n° 5.

1824.

PROJET D'ADRESSE

DE

LA CHAMBRE DES DÉPUTÉS

EN RÉPONSE

AU DISCOURS DE LA COURONNE.

C'est l'axiôme fondamental, c'est la condition inévitable du gouvernement représentatif, que tous les actes, tous les discours, tous les rapports du Souverain avec ses sujets, sont censés dériver uniquement du ministère, sous sa responsabilité personnelle : et nul ne peut douter que le trône n'y trouve sa seule garantie contre les erreurs de ses conseils, en même temps que le peuple y rencontre quelque sauve-garde contre les tentatives de l'arbitraire.

Mais la puissance du raisonnement, quelque grande qu'elle soit, se montre inhabile à calmer les scrupules du royaliste par sentiment autant que par principe, tellement que sa tâche n'en reste pas moins délicate et pénible, lorsqu'il dé-

sire s'exprimer librement sur la pensée minis-
térielle qui lui parvient comme revêtue et forte
de la parole royale.

Et cependant l'opinion n'est jamais plus excitée,
plus autorisée à se manifester, qu'à l'occasion du
discours de la couronne; car le silence ou les
réticences à cet égard sont sujets à passer pour
des preuves implicites d'assentiment, et semblent
ainsi imposer une sorte d'engagement à con-
courir aux vues qui y ont été exposées.

Dans cette position presqu'inextricable à la
première apparence, il ne s'est offert d'autre
voie sortable, que de se représenter sur les bancs
de la Chambre, de se transporter en esprit au
sein de sa commission spéciale, et là, de rédiger
sous la forme d'un projet d'adresse, les réflexions
qu'a dû inspirer le discours prononcé dans la
séance royale.

Fasse le ciel qu'il soit donné à la plume, sou-
vent hésitante au moment où elle exerce les
droits nouveaux du citoyen indépendant, de ne
pas enfreindre, et de maintenir en juste préémi-
nence, les devoirs plus touchans et plus impo-
sans du sujet respectueux!

Versailles, le 26 Mars 1824.

DISCOURS DU ROI.

Messieurs,

Je suis heureux de pouvoir me féliciter avec vous des bienfaits que la divine Providence a répandus sur mes peuples, sur mon armée et sur ma famille, depuis la dernière session des Chambres.

La plus généreuse comme la plus juste des entreprises a été couronnée d'un succès complet.

La France, tranquille chez elle, n'a plus rien à redouter de l'état de la Péninsule : l'Espagne, rendue à son Roi, est réconciliée avec le reste de l'Europe.

Ce triomphe, qui offre à l'ordre social de si sûres garanties, est dû à la discipline et à la bravoure d'une armée française conduite par mon fils avec autant de sagesse que de vaillance.

Une partie de cette armée est déjà rentrée en France; l'autre ne restera en Espagne que le temps nécessaire pour assurer la paix intérieure de ce pays.

C'est à vous, Messieurs, c'est à votre patriotisme, que je veux devoir l'affermissement d'un état si satisfaisant. Dix années d'expérience ont appris à tous les Français à n'attendre la véritable liberté que des institutions que j'ai fondées dans la Charte. Cette expérience m'a conduit en même temps à reconnaître les inconvéniens d'une disposition réglementaire qui doit être modifiée pour consolider mon ouvrage.

Le repos et la fixité sont, après de longues secousses, le premier besoin de la France. Le mode actuel de renouvellement de la Chambre n'atteint pas ce but : un projet de loi vous sera présenté pour y substituer le renouvellement septennal.

La courte durée de la guerre, l'état prospère du revenu public, les progrès du crédit, me donnent la satisfaction de pouvoir vous annoncer qu'aucun impôt, aucun emprunt nouveaux, ne seront nécessaires pour couvrir les dépenses de l'année qui vient de finir.

Les ressources assignées à l'exercice courant suffiront : ainsi vous ne trouverez point d'obstacle dans les dépenses antérieures, pour assurer le service de l'année dont le budjet vous sera soumis.

L'union qui existe entre mes alliés et moi, mes relations amicales avec tous les autres états, garantissent une longue jouissance de la paix générale. L'intérêt et les vœux des puissances s'accordent pour écarter tout ce qui pourrait la troubler.

J'ai l'espoir que les affaires de l'Orient et celles des Amériques espagnole et portugaise seront réglées pour le plus grand avantage des états et des populations qu'elles intéressent, et pour le plus grand développement des relations commerciales du monde.

Déjà de nombreux débouchés sont régulièrement ouverts aux produits de notre agriculture et de notre industrie. Des forces maritimes suffisantes occupent les stations les plus propres à protéger efficacement ce commerce.

Des mesures sont prises pour assurer le remboursement du capital des rentes créées par l'Etat dans des temps moins favorables, ou pour obtenir leur conversion en des titres dont l'intérêt soit plus d'accord avec celui des autres transactions.

Cette opération, qui doit avoir une heureuse influence sur l'agriculture et le commerce, permettra, quand elle sera consommée, de réduire les impôts et de fermer les dernières plaies de la révolution.

Je vous ai fait connaître mes intentions et mes espérances : c'est dans l'amélioration de notre situation intérieure que je chercherai toujours la force de l'Etat et la gloire de mon règne.

Votre concours m'est nécessaire, Messieurs, et j'y compte. Dieu a visiblement secondé nos efforts : vous pouvez attacher vos noms à une époque heureuse et mémorable pour la France; vous ne refuserez pas cet honneur.

PROJET D'ADRESSE.

SIRE,

Les fidèles sujets de Votre Majesté, Députés des départemens de son royaume, se présentent toujours aux pieds du trône, pénétrés d'un nouveau sentiment de respect et d'amour, et empressés d'élever leurs actions de grâce devers *la divine Providence qui répand tant de bienfaits sur ses peuples, sur son armée et sur son auguste famille.*

Depuis la dernière session, leur attention a été constamment fixée par cette mémorable entreprise, dont la conception appartient au cœur magnanime de Votre Majesté, et dont l'accomplissement fut confié par Elle à ce Prince sage avec énergie, et calme par vaillance, qui marche soumis aux ordres de son Roi, qui combat émule des héros de sa race, qui triomphe modeste et simple en ses hautes destinées.

Cependant leur joie serait plus vive et plus profonde encore, s'ils se voyaient appelés à féliciter leur Souverain sur l'établissement et l'affermissement de la paix intérieure dans une illustre contrée trop long-temps tourmentée en des sens contraires ; de cette paix qui était le but de la guerre, qui devait être le prix de la victoire, et qui seule peut garantir le bonheur de l'Espagne, le repos de l'Europe, l'honneur de la France.

Sire, les Députés des départemens auraient entendu avec une extrême satisfaction, de l'auguste bouche de Votre Majesté, que la religion reprenait son autorité tutélaire, que l'éducation travaillait à former une génération de sujets fidèles à Dieu et au Roi, et que les mœurs, en se régénérant, promettaient d'atteindre à la double fin de limiter et de fortifier l'action répressive des lois.

Ils auraient appris, non sans l'émotion de la reconnaissance, qu'avant aucune proposition de nature politique ou financière, il devait leur être présenté, en outre de plusieurs projets réclamés par l'intérêt public, la première des lois, puisque c'est la loi de justice, la loi invoquée depuis dix ans par la patiente prière, qui doit alléger des infortunes longuement supportées et compenser, quelque peu, des sacrifices jusqu'alors inouïs ; la loi à laquelle il est réservé d'imprimer à la légitimité le sceau le plus précieux, de cimenter la paix entre des partis irrités, de porter enfin au noble et tendre cœur du père de la patrie la seule douceur, la seule gloire qui puissent le flatter désormais.

Sire, instruits par le sentiment, plus encore que par l'expérience, *à n'attendre la véritable liberté que des institutions fondées par la Charte*, et convaincus que *le repos et la fixité sont, après de longues secousses, le premier besoin de la France*, les fidèles sujets de Votre Majesté, accueilleront avec respect la présentation d'un Projet de loi relatif au renouvellement de la Chambre, ne pouvant douter que le Conseil des Ministres est déterminé par des motifs de la plus grande force, de la plus haute évidence, à proposer ainsi l'abrogation d'un article fondamental du pacte social, d'un des articles les plus essentiels de la partie consacrée aux formes du Gouvernement du Roi ; ne pouvant douter qu'il sera démontré dans l'exposition des motifs, qu'il sera prouvé en point de fait, que l'exécution de cet article a constamment troublé le calme renaissant du Royaume et entravé le cours naturel de la prospérité publique, en telle sorte qu'il devient urgent, nécessaire, inévitable, non pas de le modifier seulement, mais de le remplacer par une disposition toute contraire, afin de consolider l'œuvre de notre bien-aimé Souverain.

Sire, les fidèles sujets de Votre Majesté aiment à se persuader que si nul impôt, nul emprunt ne doit avoir lieu pendant les exercices actuels, cet immense avantage ne sera pas acheté et acquis au prix d'une nouvelle émission de bons du Trésor, laquelle dans les règles d'une bonne législation, et d'après l'exemple d'un pays voisin, aurait besoin d'être autorisée par une loi spéciale.

C'est avec la même confiance et dans une certitude parfaite, qu'ils osent se promettre qu'à l'égard *des mesures prises pour rembourser les rentes dues par l'Etat, ou pour en obtenir la conversion en des titres moins onéreux,* il leur sera fait des communications développées qui établissent d'une manière incontestable, en premier lieu : que cette opération est conforme aux rigides lois de l'équité, la faculté du remboursement ayant été expressément réservée dans les contrats primitifs, ou étant implicitement reconnue par l'effet d'un usage immémorial ; en second lieu, qu'en tout état de choses et même dans l'advenance d'une crise imprévue, il est impossible que le crédit public et les fortunes privées en souffrent la moindre atteinte ; en troisième lieu, qu'il ne peut exister aucune combinaison plus simple, plus sûre et plus prompte, pour alléger le Trésor d'une part égale de ses charges, sans que le rentier soit dépouillé d'un cinquième de son revenu accoutumé, sans que l'émigré soit renvoyé à un terme indéfini, avant d'obtenir quelque modique secours.

Sire, les fidèles sujets de Votre Majesté, députés des départemens de son royaume, n'ont maintenant à remplir qu'un devoir bien doux, à satisfaire qu'un sentiment impérieux, en lui transmettant leurs humbles félicitations *sur la courte durée de la guerre, sur l'état prospère du revenu public et les progrès du crédit, sur la certitude de conserver la paix de l'Europe, et l'espérance de voir régler les affaires d'Orient et d'Amérique;* sur tous ces biens et tant d'autres encore, qui sont d'autant plus précieux à la France, qu'elle en fut privée pendant le long deuil de ses Rois, et n'en reprend la jouissance que sous les auspices de l'auguste et paternelle dynastie avec qui elle est en alliance depuis près de mille ans; de la dynastie privilégiée dont le ciel prépara de loin le miraculeux retour, *et dont il seconde visiblement les généreux efforts.*

FIN.

www.ingramcontent.com/pod-product-compliance
Lightning Source LLC
Chambersburg PA
CBHW061553050726

47595CB00009B/3794